INVENTAIRE
V 35728

SUPPLÉMENT

A LA

MÉTHODE
DE COIFFURE.

PARIS. — IMPRIMERIE ET FONDERIE DE FAIN,
RUE RACINE, N°. 4, PLACE DE L'ODÉON.

SUPPLÉMENT

A LA

MÉTHODE

DE COIFFURE,

Contenant 18 Leçons pratiques, une Scientifique, 2 articles historiques, orné de 6 têtes, ayant toutes des Coiffures de caractères, d'un nombre considérable d'Ornemens antiques et modernes, de 10 modèles de Tresses de l'ancien et du nouveau système.

PAR CROISAT,

PROFESSEUR,

COIFFEUR DU JOURNAL DES MODES,

LE PETIT COURRIER DES DAMES,

BREVETÉ DU GOUVERNEMENT

ET

DE S. A. R. ANNA DE JÉSUS MARIA,

Infante de Portugal.

Paris.

CHEZ L'AUTEUR, RUE DE L'ODÉON, N° 33.

1832.

LEÇONS PRATIQUES,

ou

SUPPLÉMENT

A LA

MÉTHODE
DE COIFFURE.

Lorsque je publiai ma Méthode, je n'avais en vue que d'enseigner des principes généraux, applicables à toutes les modes et à tous les caractères de physionomie. On me reprocha d'avoir négligé la partie matérielle. Je vais donc, dans cette nouvelle édition, donner des renseignemens qui mettront à même de faire ce qu'il y a de plus remarquable dans les coiffures modèles de mon ouvrage, et notamment les coques élevées et les nattes à jour ; j'enseignerai la pose des plumes, des bijoux, des fleurs, des étoffes, et surtout la manière dont on doit exécuter les coiffures à l'antique. Cependant, comme la mode peut amener de grands changemens dans la forme des masses et leur arrangement, je ne chercherai pas à faire adopter aux élèves une seule manière de faire les coques, ni de poser les nattes, parce qu'on est obligé de varier par rapport à la quantité ou à l'espèce des cheveux.

Ces détails, j'en suis certain, pourront être d'un très-grand avantage pour les personnes qui ne désirent apprendre que le matériel de notre art, attendu que l'apprentissage leur coûterait beaucoup de temps et leur deviendrait extrêmement dispendieux chez un maître habile ; avec un peu d'attention ils parviendront à vaincre toutes les difficultés ; mais pour cela je conseille d'exécuter en étudiant ce qui fait l'objet de chaque Leçon, et de ne passer d'une matière à une autre qu'après l'avoir bien approfondie.

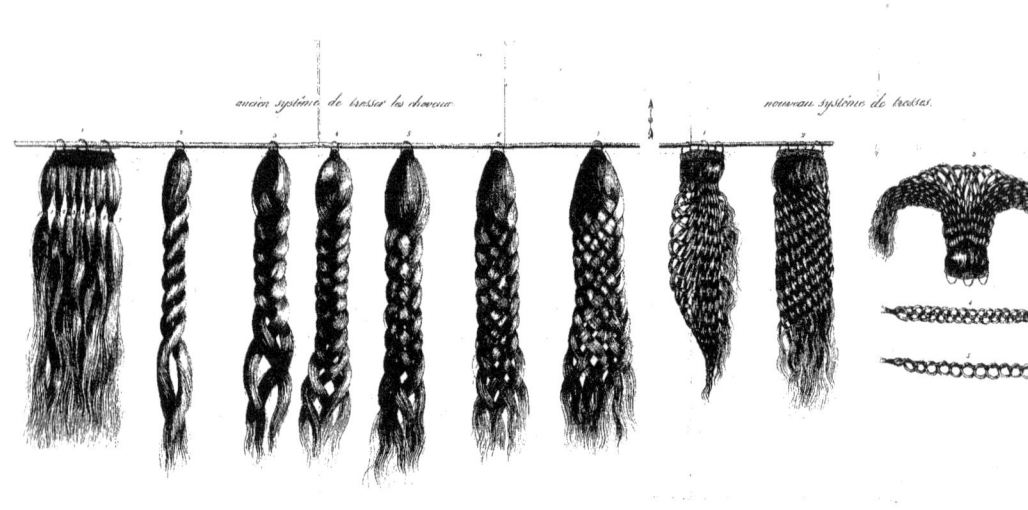

MANIÈRE DE TRESSER LES CHEVEUX
D'APRÈS L'ANCIEN SYSTÈME.
(Voy. fig. 1.)

Cette figure représente une fausse natte divisée en sept branches. Je conseille aux élèves qui voudront étudier l'ancien système de tresses, d'en disposer une de la même manière ; chaque mèche nouée avec un fil, et portant son numéro, afin de pouvoir me suivre dans mes démonstrations.

Ire. LEÇON.
NATTE EN DEUX, dite CORDE A PUITS.
(Voy. fig. 2.)

Pour faire cette natte, on prend deux mèches, le n°. 1 avec la main gauche, et le n°. 2 avec la droite ; on tord chaque mèche séparément, et on les entrelace ensemble. Lorsqu'on a l'habitude de tresser de cette manière, on n'a pas besoin de tordre les mèches à l'avance, car cela se fait, tout en les croisant l'une sur l'autre. Cette tresse est fort jolie toute simple, mais elle orne parfaitement une coiffure lorsqu'on l'entrelace avec des perles.

IIe. LEÇON.
TRESSE EN TROIS.
(Voy. fig. 3.)

Pour faire une tresse en trois on prend trois branches, savoir, les n°s. 1, 2 et 3; on rabat le n°. 3 sur le 2, le n°. 1 sur le 3, et ainsi de suite.

IIIe. LEÇON.
TRESSE GRECQUE.
(Voy. fig. 4.)

La tresse grecque se compose des n°s. 1, 2, 3, 4 et 5 : on prend d'abord les n°s. 2 ; 3 et 4, et on fait la première maille de la tresse en trois, en commençant de la main droite; cela fait, on prend le n°. 5, qu'on place au milieu de la tresse, ensuite on prend le n°. 7, qu'on y porte aussi, et alors toutes les mèches ne forment plus que deux masses; on continue la tresse en prenant toujours les mèches sur les côtés, et en les portant au milieu.

La manière dont cette tresse a été commencée fait que les branches ne peuvent se mêler ensemble, quoiqu'elles soient réunies par nombre de deux et trois dans chaque main ; cette tresse est celle qu'on nomme à tort tresse *Circassienne*, car elle fut inventée par les femmes grecques.

IVe. LEÇON.

TRESSE EN QUATRE.
(Voy. fig. 5.)

On passe le n°. 4 par-dessus le 3, et on le place sous le 2 ; le n°. 1 passe sous le 4, qui est alors la mèche de traverse.

Le n°. 3 devient, par l'absence du 4, la branche qui doit agir : on la prend et on la fait traverser par le même principe.

V^e. LEÇON.

TRESSE EN CINQ.
(Voy. fig. 6.)

Rien n'est plus simple que le principe de la tresse à cinq branches : on passe le n°. 5 par-dessus le 4, et on le place sous le 3 ; ensuite on passe le n°. 1 par-dessus le 2, et on le conduit sous le n°. 5, qui se trouve alors au milieu de la tresse. On voit qu'à mesure que le nombre des branches augmente, la manière de tresser varie; dans celle-ci, les traverses se rencontrent au milieu de la natte où elles se croisent; pour la continuer, c'est toujours la même chose, c'est-à-dire que la 5e. mèche passe par-dessus la 4e., et va se placer sous la 3e. Pour le côté gauche, la 1re. passe par-dessus la 2e. et se porte sous la 3e.

VI. LEÇON.
TRESSE EN SEPT.
(Voy. fig. 7.)

Cette tresse paraît extrêmement difficile par rapport au nombre de branches qui la composent, mais il suffit d'en connaître le principe pour la faire avec facilité. Les mèches des côtés, comme dans la tresse en cinq, passent en reprise et se rencontrent au milieu de la natte où elles se croisent; ainsi, le n°. 7 rabat sur le 6, et va, en passant par-dessous le 5, se placer sur le 4; le n°. 1 par-dessus le 2, ensuite sous le 3, et se pose sur le n°. 7. On continue en allant chercher les mèches des côtés, et en les faisant passer tantôt dessus, tantôt dessous, afin qu'elles se contrarient toujours.

On voit que dans cette tresse le point de rencontre des deux traverses est au milieu, comme dans celle à cinq branches

Je crois inutile d'indiquer en détail la manière de faire les tresses en 9, 11 ou 15, parce que le principe est le même que pour cette dernière, c'est-à-dire que le nombre des mèches doit être impair, et que le point de rencontre est au milieu de la trame.

NOUVEAU SYSTÈME DE TRESSES.

La mode qui succéda aux coques à la *Girafe* fut la natte à jour; et à l'apparition d'une de mes coiffures, dans le *Petit Courrier des Dames*, beaucoup de coiffeurs tressaillirent de joie à l'aspect de ce joli travail. Un grand nombre mit de l'empressement à venir étudier cette charmante nouveauté, et ceux des provinces et de l'étranger, auxquels leurs occupations ne permettaient pas de faire le voyage, me demandèrent des leçons par écrit; en moins de six mois cette découverte fut connue des principaux coiffeurs de l'Europe.

Voyant que tout le monde prenait goût pour ce genre de coiffure, je m'occuppai sérieusement à le perfectionner, et, à force de travail, je suis parvenu à lui donner un développement qui lui assure pour long-temps la faveur des gens de bon goût. Les élèves trouveront dans ce système, outre les avantages de la grâce et de la grande variété qu'il offre, celui du bénéfice, car il y a fort peu de femmes qui aient assez de cheveux pour qu'on puisse les coiffer de cette manière.

(123)

VII°. LEÇON.
MANIÈRE DE TRESSER
D'APRÈS LE NOUVEAU SYSTÈME.

NATTES A JOUR.
(Voy. fig. N°. 1.)

Pour faire cette natte [1], on commence d'abord par bien enduire les cheveux de pommade, afin que les parties claires soient bien lisses, chose très-essentielle dans ce genre de travail. La première opération est de détacher une mèche du côté droit, mèche qui doit servir de modèle à toutes les autres pour la grosseur; la seconde est de fendre la masse de cheveux en travers avec le doigt, de manière à ce que cela forme deux parties égales, et, lorsque chaque partie est bien peignée, on passe dans le milieu la mèche qu'on a séparée première-

---

[1] La manière dont cette natte se présente dans le dessin ferait croire qu'il faut agir principalement de la main gauche, le dessinateur l'ayant faite à l'envers: on devra, comme je l'enseigne dans cette leçon, faire traverser les mèches de droite à gauche.

ment, et la main gauche la reçoit. Pour la troisième opération, il faut détacher une autre mèche du côté droit, à la partie inférieure et la faire traverser, tout en détachant d'abord une mèche à la partie de dessus, ensuite une à celle de dessous, et ainsi de suite, jusqu'à ce qu'elle ait traversé toute la masse, en opérant la division des mèches; et lorsqu'elle est arrivée tout-à-fait à l'extrémité de la natte, on la reçoit dans la main gauche où se trouve déjà la première mèche : arrivé à ce point, le travail devient beaucoup plus facile, car il n'y a plus qu'à prendre les mèches une à une et à les faire traverser, tout en ayant bien soin de les faire passer, d'abord sur une mèche de dessus, ensuite sous une autre de dessous, et toujours de même, c'est-à-dire que les mèches de droite passent toujours à gauche, où elles restent suspendues comme dans la fig. n°. 1; et lorsqu'on a atteint la partie où les cheveux commencent à être trop effilés, on achève la natte dans la façon de la tresse en sept ou bien en cinq branches de l'ancien système. On remarquera sans doute que cette nouvelle manière de tresser n'a aucun rapport avec l'ancienne ; d'abord il n'est pas nécessaire de compter les branches, et elle permet d'élargir la tresse sans diminuer à peine la longueur des cheveux.

VIIIe. LEÇON.
TRESSE ÉLASTIQUE.
(Voy. fig. 2.)

La tresse élastique se fait de la même manière que celle à jour, seulement au lieu de laisser retomber les bouts à gauche, on les natte à mesure qu'ils arrivent sur le côté ; ainsi au premier tour on tient la mèche avec la main gauche, et lorsque la seconde arrive, on la rabat dessus ou dessous, selon comme cela se trouve, et ainsi de suite.

IXe. LEÇON.
TRESSE PAR UN NOUVEAU PROCÉDÉ.
(Voy. fig. 3.)

Cette tresse est celle qui fait paraître les cheveux avec le plus d'avantage : on peut, en l'employant pour une personne dont la chevelure n'est que d'une demi-aune, faire une natte de trois quarts. Sa forme est légère et élégante, et elle produit un très-joli effet posée sur le sommet de la tête. Pour l'exécuter on prend une fausse natte, on fait trois mailles de la tresse élastique, et on a le soin de faire les mèches bien minces pour qu'il s'en trouve au moins vingt-quatre. Avant de commencer la quatrième maille, on partage les branches par la moitié, et on continue la tresse avec la partie de gauche; pendant ce temps, les mèches de droite restent suspendues. Lorsque la partie de gauche est tressée jusqu'au bout, on renverse la fausse natte, le dessus en dessous, et on finit de tresser la deuxième partie; cela fait, le tout représente une large natte qui se partage en deux. Pour lui donner la forme de la figure 3, on écarte les deux bouts nattés, et on tire les *brins* un à un jusqu'à ce que la jonction soit parfaite. Dans cette tresse, lorsque la monture est bien cachée, il est impossible qu'on devine le procédé employé pour lui donner une longueur aussi extraordinaire.

X^e. LEÇON.

TRESSE DENTELLE.

(Voy. fig. 4.)

La dentelle se fait avec trois branches : on l'emploie ordinairement pour servir de bandeau, qu'on pose à plat sur le front. Voici la manière dont il faut s'y prendre.

Prenez les n°^s. 1, 2 et 3 de la fig. 1, rabattez le n°. 3 par-dessus le 2, faites-le passer sous le 1 et revenir en même temps par-dessus. Le n°. 1 reste immobile, et il se trouve enveloppé par la mèche de traverse. Pour continuer, prenez la mèche de droite, rabattez-la sur celle à côté, ensuite faites-la passer en dessous de la mèche immobile, puis revenez par-dessus. La mèche immobile ne doit jamais quitter la main gauche. Lorsqu'on est arrivé au bout des cheveux, on attache les deux mèches ensemble, et, tenant la mèche immobile de la main gauche, on pousse les deux autres : il se forme alors des anneaux qui imitent le bord d'une dentelle.

XIe. LEÇON.
TRESSE DIADÈME.
(Voyez tête 24.)

Cette tresse est extrêmement facile : on suit absolument le même principe que dans la précédente, seulement on emploie un plus grand nombre de branches. Pour la faire, séparez les cheveux en cinq ou six mèches ; tenez-en une dans la main gauche, ensuite prenez celle du côté droit, faites-la traverser en reprise comme dans la tresse élastique, et lorsque vous êtes arrivé sur le côté gauche, tournez la traverse autour de la mèche immobile comme dans la tresse à dentelle ; continuez en prenant la mèche de droite, faites-la traverser en reprise, et tourner sur la mèche immobile. J'observerai que pour que cela soit plus net, cette dernière doit être nattée en trois, parce qu'on délisse la tresse en la poussant pour l'élargir. La natte en sept de l'ancien système produit aussi un fort bel effet, en y laissant une mèche immobile sur le côté gauche, et posée en rond sur le sommet de la tête.

XIIe. LEÇON.
PETITE NATTE A JOUR.
(Voy. fig. 5.)

Celle-ci se compose de quatre branches, il y en a trois qui s'entrelacent, et une qui traverse les anneaux en longeant la tresse : pour l'étudier, il faut natter la mèche immobile afin de bien la distinguer parmi les autres.

Prenez les n°s. 1, 2, 3 et 4 de la fig. n°. 1, nattez le n°. 2, parce qu'il est destiné à longer la tresse; ensuite rabattez le n°. 4 sur le 3, et faites-le passer sous le 2 ; le n°. 1 se place sous le 4. Cette première maille est absolument semblable à celle de la tresse en quatre de l'ancien système ; mais les autres ne sont pas de même, et voici en quoi elles diffèrent : la mèche nattée, étant destinée, comme je l'ai déjà dit, à longer la tresse, ne doit pas s'entrelacer avec les autres ; elle doit donc être placée au milieu des anneaux. Pour cela, il faut, lorsqu'on a fait la première maille, la passer sous le n°. 1, pour qu'elle se trouve en second sur la gauche; car ce n'est que lorsqu'elle est à cette place, qu'on doit recommencer à natter, et faire alors la maille de l'ancienne tresse en quatre. J'observe qu'à chaque tour la mèche nattée doit passer sous celle qui se trouve au milieu des trois autres, et ce n'est que lorsqu'on a atteint le bout des cheveux qu'il faut pousser pour ouvrir les anneaux.

XIIIe. LEÇON.

MANIÈRE DE FAIRE LES COQUES LISSES.

Il y a environ vingt ans que les coques avaient la forme d'anneaux, et les coiffures les plus ordinaires se composaient de sept ou huit, dont l'ensemble représentait un gâteau de Savoie. Vinrent ensuite le nœud d'*Amour* ou d'*Apollon* que Plaisir avait tiré des antiques. Ce nœud, qui fut long-temps de mode, consistait en deux coques, qu'on faisait en tordant les cheveux, et qui se trouvaient retenues par un peigne à longues dents, qu'on nomme aujourd'hui *fourchettes*. Il fut méfamorphosé de mille manières par les coiffeurs, car chacun le faisait par un procédé différent : on assujettissait les coques avec des épingles pour avoir la facilité de crêper les cheveux. Cette innovation fut très-avantageuse, car on put faire des coiffures élevées et d'un genre différent de tout ce qu'on avait vu jusqu'alors : cependant les coques étaient toujours un peu basses ; les coiffeurs distingués les faisaient souvent dans le genre de celles qu'on voit sur la coiffure J, mais un peu plus petites. Comme cette coiffure se porte encore en négligé, je vais enseigner comment on procédait à son exécution. Après avoir relevé les cheveux en casque [1], on les séparait en plusieurs parties ; ensuite on crêpait une mèche qu'on lissait sur le plat de la main, puis on pliait ladite mèche comme on plierait un ruban pour former une coque, et on l'arrêtait avec une épingle noire, qui, prenant de la torsade, entrait dans

---

[1] On appelait casque la torsade formée sur l'occipital par le tortillon des cheveux.

les dents du peigne, tout en passant par-dessus la mèche. Les deux côtés de la coiffure étaient toujours parallèles, excepté lorsqu'on faisait une troisième coque dans le milieu et qu'on l'inclinait un peu pour lui donner de la grâce; mais, quel que fût le genre, le derrière de la tête était toujours orné d'une masse lisse formée avec les pointes des cheveux.

Une révolution dans la mode survint, et les coiffures en l'air furent en grande faveur. Ces coques, dont je suis l'inventeur, se forment de plusieurs manières; les plus jolies et les plus élégantes sont celles de la coiffure L. Pour les faire il faut, après avoir divisé les cheveux par mèches, les crêper dans toute l'étendue des coques, les lisser avec soin du côté qui doit se trouver en dessus, et, après avoir plié la mèche pour former une coque, la retenir avec une épingle noire; on tourne les pointes autour pour la serrer à sa tige et la faire tenir droite. J'observe que ces pointes doivent aussi être crêpées, parce que plus elles ont de consistance, plus les coques ont de solidité. Lorsqu'on veut en faire de très-hautes et très-solides, mais qui n'ont pas autant de grâce que ces dernières, on emploie des épingles dans le genre de la fig. 10. (Voyez *Épingles pour coiffure*.) Cette carcasse de fil-de-fer tient parfaitement plantée dans le tortillon des cheveux, et il suffit de la couvrir avec une mèche qu'on crêpe un peu en dessous pour obtenir une coque à la girafe [1].

Lorsque ces épingles sont bien arrondies, et couvertes d'une toile ou d'un tulle couleur des cheveux, les coiffures ont encore assez d'élégance, et quelquefois même on ne dirait pas que les masses sont soutenues par artifice.

Un autre procédé est mis en usage pour élever les coques et varier leurs

---

[1] Ces épingles sont celles que j'inventai en 1825, et que chaque coiffeur a fabriquées depuis d'une manière différente; mais quelles que fussent les formes qu'on leur donnait, on avait le soin de laisser dépasser un petit bout de fil-de-fer de chaque côté, qui servait à retenir les cheveux.

formes. Ce procédé est celui dont je me suis servi pour faire les coiffures G et D, ainsi que la coque qui se voit sur le devant de celle K.

On prend une épingle double de sept ou huit pouces de longueur, qu'on emploie ainsi qu'il suit :

Lorsque les cheveux sont relevés et divisés par mèches, on en crêpe une qu'on lisse par-dessus et qu'on enduit de pommade ; ensuite on la passe dans une de ces épingles, on tourne un petit laiton ou fil-de-fer autour de l'épingle, on le coupe après avoir fait deux ou trois tours, et on pousse cette espèce de coulant jusqu'en haut de l'épingle, pour que les cheveux s'y trouvent tenus bien solidement. La coque étant ainsi disposée, on fait faire la bascule à l'épingle dont les pointes se plantent dans la torsade ; et si les bouts qui restent sont encore assez longs pour en faire une seconde, on les crêpe en dessous et on arrête la mèche sur la tête.

Si l'on veut élever une coque au-dessus

de la première, on prend une épingle d'une plus grande dimension.

Dans cette exécution, le point le plus important est que la tête de l'épingle se trouve sous la mèche, et que le coulant soit monté et serré avec force pour que la fourche ne ressorte pas à travers les cheveux; de cette manière, la coque se tient droite ou penchée, selon la direction qu'on donne à l'épingle.

Ce genre de coiffure est fort solide, et exige très-peu de temps, surtout lorsqu'on en a l'habitude. Si on voulait graduer la hauteur des masses, on emploîrait des épingles de différentes longueurs.

Lorsqu'on aura acquis une certaine dextérité à faire les tresses larges et les coques élevées, on sera tout étonné de trouver l'exécution de toutes les coiffures en cheveux fort peu de chose; on fera surtout très-facilement celles qui imitent des corbeilles et des nœuds coupés par des nattes.

XIVe. LEÇON.

MANIÈRE DE POSER LES FLEURS
DÉTACHÉES, MONTÉES EN COURONNES.

Pour poser des fleurs dans le genre de celles qui ornent la coiffure L, on prend chaque fleur séparément, et on tord sa tige autour d'une épingle double, ou de deux simples, afin de n'avoir qu'à les planter dans le gros de la torsade; c'est en posant les fleurs de cette manière qu'on parvient à faire des coiffures légères : cependant on est quelquefois obligé de les fixer sur les cheveux, comme dans la coiffure A. Dans celle-ci, le camellia est attaché selon la vieille méthode, le bout de la tige tourné comme une papillotte et tenu par des épingles qui, piquant dans les cheveux, passent par-dessus, et vont se planter sous le peigne. Lorsqu'on veut poser une fleur dans les papillottes de devant, et que la coiffure est établie sur le derrière de la tête, on est obligé de se servir d'un autre moyen, parce que la tige doit être cachée; dans ce cas, on la coupe un peu courte, ou bien on la plie pour qu'elle ne fasse pas un grand volume ; étant ainsi préparée, on prend une petite mèche dans le milieu de la touffe qu'on tourne plusieurs fois autour, et ensuite on tord la pointe de la mèche comme pour faire du crêpé, après quoi on rentre la pointe de l'épingle sous la tige pour lui donner de la solidité. Cette manière de poser une fleur par devant est incontestablement la plus jolie : d'abord on ne voit pas ressortir par derrière une longue tige qui ne peut que donner un aspect désagréable à la coiffure.

Pour imiter une corbeille, on commence par élever deux ou trois coques, par le procédé des épingles doubles, ou bien par celui des carcasses, ou, si on le préfère, en tordant des cheveux au bas des masses pour les tenir droites; ensuite on fait une tresse élastique qu'on tourne autour, et après l'avoir bien assujettie, on tire les mèches par en haut, pour la rendre plus légère, et lui donner la forme d'une corbeille de fleurs.

Pour donner le fini à cette jolie coiffure, on sème quelques fleurs parmi les coques, qui, ajustées sur des épingles qu'on plante dans la torsade, se trouvent posées très-haut et très-solidement.

On fait aussi des coiffures charmantes avec un rond de nattes élastiques, et des fleurs ou des rubans posés une partie dans l'intérieur et l'autre sur le côté.

La pose des guirlandes et des couronnes varie selon la forme. Une couronne antique, dite *bourrelet*, ou une à la *bacchante*, se posent droites sur le haut de la bosse frontale, et vont s'attacher au bas de l'occipital. Une couronne à la *Marie Stuart* traverse les deux touffes, et remonte par derrière jusque sur les pariétaux. Un *chaperon* se pose de côté et coupe la coiffure en deux; une couronne à la *Cérès* exige une pose régulière. Les guirlandes de fantaisie peuvent être placées de différentes manières : leurs formes n'ayant rien de caractéristique, on en peut varier la pose à l'infini.

MANIÈRE DE POSER LES PLUMES,
LES AIGRETTES, LES OISEAUX DE PARADIS
ET LES MARABOUTS.

XVe. LEÇON.

Les aigrettes (*voy*. la coiffure K), se posent de la même manière que les fleurs détachées, soit qu'on tourne la tige autour de deux épingles, ou qu'on les attache sur les cheveux comme le camellia de la coiffure A; les marabouts se placent aussi de cette manière : on voit que lorsqu'on sait bien coiffer avec des fleurs, on est presqu'en état de poser toute espèce d'ornemens. Un oiseau de paradis est un peu plus difficile à assujettir, surtout pour une femme qui danse encore. Si un oiseau a une bonne fourche à la place des pates, on la pique dans la torsade, car c'est une pelotte extrêmement commode. Si, au contraire, on est obligé de l'attacher sur les cheveux avec des épingles, je conseille, pour ne pas le gâter, de lui passer un petit ruban autour du cou qu'on recouvre avec les plumes, parce que rien n'est plus facile, lorsqu'on a une étoffe, pour y mordre, que de le faire tenir avec des épingles. Je recommande d'autant plus de se servir de ce moyen, qu'on peut l'attacher également sur le dos comme sur le ventre, c'est-à-dire qu'on peut lui donner toutes sortes d'attitudes.

Il faut une grande habitude pour bien poser les plumes, surtout pour savoir les courber des deux mains, chose indispensable à connaître pour leur donner toutes les formes, et les incliner avec grâce et élégance. Lorsque les plumes sont courbées, il est facile d'en faire usage, parce que pour les attacher c'est à peu près comme pour les fleurs détachées; mais il n'en est pas de même lorsqu'elles sont droites. Un coiffeur qui ne saurait pas bien les rompre, se trouverait dans la triste nécessité d'abandonner la coiffure; attendu qu'il est impossible qu'une femme puisse se présenter dans un salon, coiffée comme un sauvage. Je ne saurais donc trop engager les élèves à s'exercer à la courbe des plumes; pour cela ils devront s'y prendre de la manière suivante : elle est bonne, et elle est, je crois, la plus facile. Pour qu'une plume s'incline, et tourne en spirale du côté droit, on la prend à sa tige avec la main gauche, et on la rompt avec la main droite, en plaçant le pouce sur la côte en dedans, et tous les autres doigts sur la côte en dessus, c'est-à-dire du beau côté de la plume. L'index doit être détaché des trois autres doigts, pour que le pouce puisse trouver, en appuyant un peu, un endroit flexible et donner de la cambrure; les doigts étant ainsi placés, on parcourt à plusieurs reprises toute la longueur de la côte, et il suffit que le pouce force en-dessous, et que l'index aide de l'autre côté pour préparer, un instant, les plumes nécessaires à l'ornement d'une coiffure.

Si on veut qu'une plume tourne à gauche, on la prend à sa tige avec la main droite, et on lui donne la forme avec la gauche. J'observe que si on biaise les mouvemens en courbant, les plumes retombent avec plus de grâce.

POSE DES PEIGNES,
FLÈCHES, ÉPIS DE DIAMANS,
PERLES ET BRACELETS.

XVIe. LEÇON.

Un peigne à galerie ordinaire, comme celui de la coiffure F, peut se présenter sous deux formes différentes : la monture relevée pour les coiffures hautes, et rabattue pour celles qui sont basses. La raison en est que, se trouvant placé sur le derrière de la tête, il n'y a que ce moyen pour faire ressortir la beauté de la monture. Un peigne, monté par petites branches détachées, ne peut se poser que de face ; mais celui-ci a l'avantage d'offrir une parure légère, formée de bouquets qui, s'ajustant sur des fourches qu'on pose çà et là dans la coiffure, produisent un effet charmant. Les épis de diamans sont aussi montés sur de longues fourchettes qu'on plante comme les fleurs détabées : seulement, comme ils sont toujours un peu lourds, on est obligé de faire entrer la fourche dans quelque chose de solide. La gerbe d'épis qui orne le devant de la coiffure H, est montée sur une fourchette à trois dents, qui pénètre jusque sous le peigne, et offre une solidité extraordinaire. Les bracelets servent souvent à enrichir les coiffures : tantôt, réunis, ils ceignent le front en forme de diadème ; tantôt ils entourent le bas des coques, chose qui leur donne beaucoup de grâce et de légèreté. Quelquefois un bracelet jeté dans une coiffure sert à en détacher les masses et à faire valoir la couleur des cheveux; c'est pour produire cet effet, que j'en ai posé un dans celle K ; mais, comme il n'a pas la couleur du métal, cela ne produit pas un aussi bel effet que sur nature.

Jadis une flèche se posait contre la tête, mais, depuis qu'on a donné beaucoup d'ampleur aux coiffures, les bijoutiers ont été obligés d'y adapter des fourches, pour les ajuster très-haut. Ces fourches [1] se vissent comme dans tous les autres bijoux

---

[1] Voy. fig. 10 de la planche aux ornemens.

(144)

où il y a un trou taraudé exprès pour recevoir la fourchette; et c'est par ce moyen que j'ai pu poser avec tant de légèreté celle de la coiffure B. Pour que les élèves ne se méprennent pas sur la manière dont cette flèche a été mise dans la coque de gauche, je vais indiquer en deux mots comment il faut s'y prendre.

Après avoir relevé les cheveux en casque, et les avoir séparés en deux parties, on fait la coque de droite, ensuite on la plante dans les cheveux, et après l'avoir bien mise à son point, on élève la seconde coque en la faisant passer par-dessus la baguette; alors la flèche se trouve lancée dans un nœud.

MANIÈRES DIVERSES DE POSER LES ÉTOFFES.

XVIIe. LEÇON.

Beaucoup de gens s'imaginent qu'il suffit de savoir bien faire un turban pour être un bon *chiffonnier* [1].

[1] C'est l'expression dont on se sert lorsqu'on veut dire qu'un homme coiffe bien avec des étoffes.

Mais j'ose croire que le mérite n'est pas seulement dans l'art de plisser un cachemire, de bouillonner une gaze, mais qu'il faut savoir encore assortir cette coiffure à la physionomie, et la proportionner à la corpulence.

Pour proportionner un turban, composé d'un petit cachemire ou d'un morceau de mousseline bien fine, aux épaules d'une femme puissante, il faut songer d'abord qu'il n'est pas naturel qu'elle puisse s'accommoder d'une coiffure plate et étroite, surtout si les manches de sa robe ont un peu d'ampleur; dans ce cas, voici ce qui reste à faire.

Pour soutenir l'étoffe et l'empêcher de s'affaisser, on prend une grande feuille de papier que l'on tord en biais et on l'introduit dans la torsade du turban, ayant le soin de placer le plus épais du papier sur le milieu du front. Cette manière de soutenir une coiffure est tellement commode que, lorsque je coiffe en foulard, je commence presque toujours par poser une feuille de papier, à laquelle je donne la forme que doit avoir la coiffure, et cela tient parfaitement bien. Une mousseline empesée, roulée dans un cachemire, peut aussi servir à lui donner du soutien.

Dans ces sortes de coiffures on emploie souvent une bandelette qu'on pose autour de la tête, pour leur donner de la solidité; mais je conseille aux élèves de n'en faire usage que pour les femmes qui ont les cheveux blancs, parce que cela oblige d'envelopper toute la tête, chose qui vieillit toujours un peu. Un turban posé sur le haut du front, laissant les frisures à découvert, convient mieux à une femme qui n'a pas de cheveux gris.

Quoique j'indique ici les moyens de soutenir les étoffes molles, il ne s'ensuit pas qu'il faille n'employer que celles qui ont de l'apprêt; au contraire, il faut que ce qui sert pour les turbans ait de la souplesse. Les étoffes qui ont de la raideur ne conviennent que pour faire des berrets dans le genre de la coiffure S, dont la gaze posée par bouillons, qui font le tour de la tête, ne se soutiendrait pas si elle manquait de fermeté. Cependant une écharpe de barrège peut servir à coiffer dans ce genre, pourvu qu'on ne fasse pas les coques trop grandes; et comme cette manière de poser le chiffon est facile et jolie, je vais enseigner comment on doit s'y prendre pour faire un berret.

On relève les cheveux simplement sans les crêper, afin qu'ils ne fassent pas de volume, ensuite on attache le bout de l'écharpe sur le côté gauche au-dessus de l'oreille, et on couvre les pariétaux en formant quelques plis en travers et en arrêtant l'étoffe sur le côté droit de la tête. Là, il faut plisser l'écharpe, et former une coque qu'on plie en la rabattant en avant, et, appuyant un peu du côté gauche, on continuera à faire des coques de la même grandeur que la première, jusqu'à ce qu'on ait fait le tour de la tête, et que cela produise l'effet d'une coiffure *basque*. Dans le berret on doit apporter beaucoup d'attention à la première coque, parce qu'elle sert de modèle à toutes celles de devant, pour la longueur; et que si elle était trop grande le tour serait énorme, de même que si elle était trop petite il n'aurait qu'une forme exiguë. On peut faire des berrets charmans avec des étoffes qui ont du soutien, en s'y prenant de la manière suivante :

On relève les cheveux un peu serrés pour que les épingles ne puissent pas vaciller, et on prend l'étoffe par le bord, qu'on attache au-dessus de l'oreille gauche en formant un ou deux grands plis : on continue ainsi en allant jusqu'à l'autre oreille et en passant sur le devant de la tête [1]. L'étoffe, posée de cette manière, représente un voile froncé jeté sur la figure; et pour former le berret, on relève ce voile, c'est-à-dire qu'on le rejette en arrière et qu'on l'arrête avec des épingles, en ayant le soin, toutefois, de conserver par-devant assez d'ampleur pour que le rond soit régulier. Lorsque le devant est bâti, on passe légèrement les doigts dans l'é-

---

[1] Le bâti du côté gauche doit être fait près de l'oreille, et du côté droit, à trois pouces au-dessus pour donner de la pente au berret.

toffe pour ouvrir les plis et donner de la grâce à cette coiffure [1]; le derrière est beaucoup plus facile. On prend toute l'étoffe qui reste et on en couvre les pariétaux, tout en la plissant avec soin pour figurer une calotte; ensuite on forme des bouillons autour qui, prenant d'une oreille à l'autre, se fondent avec la passe de devant; souvent aussi, lorsque l'étoffe est assez longue, on finit le berret par une torsade qui serpente autour de la calotte et revient dessus en forme de limaçon : on fait aussi des coiffures en gaze, mêlées avec des coques ou des tresses; il suffit de savoir bien coiffer en fleurs détachées, et d'être un peu familier avec les étoffes, pour être en état de faire des compositions charmantes, attendu que le principe s'applique à toutes ces modes.

Les turbans à l'*Egyptienne* se font presque toujours sans épingles. Voici le modèle de celui qu'on porte le plus souvent à *Alexandrie*.

[1] On peut se guider pour l'ensemble sur la coiffure S, ainsi que pour le mélange des couleurs.

On a un schall de longueur [1], on le prend par un coin, qu'on pose sur le côté de la tête, au-dessus de l'oreille, où on le fait tenir par la personne que l'on coiffe; ce coin, qui retombe sur la tempe, doit avoir dix ou douze pouces. On plisse le schall en long et on le tourne plusieurs fois autour de la tête, dans le genre de la coiffure persane Q; on rentre le bout sous toute la masse pour l'assujettir tout-à-fait, on prend le coin qui est resté flottant, on le plisse, et ensuite on en enveloppe toutes les torsades du côté gauche sous lesquelles on le cache [2].

En France, on fait ce turban avec plus de symétrie, et on s'y prend ordinairement de cette manière : on jette le schall en long sur la tête, un coin tombe sur le visage, et tout le reste par derrière; on forme quelques plis sur les pariétaux, et

[1] Un schall de longueur porte deux aunes et demie.
[2] Ceci est la manière des Egyptiens, elle est commode et élégante; mais pour coiffer ainsi il faut avoir une calotte, afin de cacher les cheveux au centre du turban.

ensuite, pour l'assujettir, on pose autour de la tête, tout en passant par-dessus l'étoffe, un chef (ou bandelette) qui doit avoir au moins une aune et demie; lorsque le schall est tenu solidement, et que le dessus de la tête est garni de plis formant la côte de melon, on saisit le coin que l'on plisse, et on le pose sur la tempe droite; ensuite on prend toute la masse qui est restée par derrière, ou bien sur le côté, comme on l'a jugé convenable en posant la bandelette; on la drape et on la ramène en avant: arrivé au tiers ou au milieu de la tête, on reprend la bandelette qui est restée flottante, on la passe par-dessus la torsade en la tendant très-fort, et en lui faisant suivre le sens des plis pour qu'elle se cache dedans; après quoi on la fixe avec une épingle à habiller. Cette manière de consolider un turban dispense de planter des épingles dans l'étoffe, et convient surtout pour les coiffures composées de cachemire. Dans une exécution semblable, il y a trois choses principales à observer: la première est de bien cacher la bandelette sous les plis; la seconde de faire ressortir la bordure du schall par intervalle, pour couper la ligne ronde du turban, et la troisième d'agir en sorte qu'il n'y ait pas de raideur dans les plis ni dans l'ensemble de la coiffure, c'est-à-dire que toutes les masses se détachent bien les unes des autres. On ne peut pas indiquer une manière fixe pour la composition d'un turban de ce genre, attendu que cela change par rapport à la variété dans la grosseur des têtes, et que les schalls varient aussi pour la grandeur et la souplesse. J'indique le moyen d'établir solidement les étoffes, je fais connaître tous les avantages qu'on peut tirer des découvertes que je dois à une longue expérience, et je crois que les élèves auront assez d'intelligence pour faire le reste, c'est-à-dire qu'ils sauront ajouter ou diminuer selon les circonstances; en un mot, qu'ayant la clef de tout, ils sauront faire toute sorte de coiffure.

Cependant, pour qu'ils ne se trouvent jamais embarrassés, je crois qu'il serait bon qu'ils s'exerçassent à faire des turbans simples, et voici celui que je leur conseille d'étudier.

Le turban *bourrelet* est composé d'une seule torsade qui entoure la tête, et on l'exécute ainsi qu'il suit : on enveloppe la tête avec un schall d'une aune environ ; la petite bordure doit descendre plus bas que la naissance des cheveux, et une épingle assez forte en réunit les deux parties qui se rencontrent au-dessus de l'oreille droite ; là on tord un peu l'étoffe, et lorsque le schall ne fait plus qu'une masse, on le plisse et on en entoure la tête, en le tordant légèrement, à mesure que les plis se forment [1]. Cette coiffure, ainsi que toutes celles de ce genre, s'harmonise parfaitement avec les cheveux plats, et peut être embellie d'un esprit ou d'un oiseau de paradis.

---

[1] Lorsqu'on a deux étoffes à mélanger, on les entrelace comme les deux mèches qui servent à faire une *corde à puits*, avec cette différence qu'à chaque tour il faut examiner si les plis se forment bien.

COIFFURES ANTIQUES.

XVIIIe. LEÇON.

La coiffure grecque est connue de fort peu de coiffeurs; le plus grand nombre la confond avec celle des Italiennes et des Espagnoles; on se contente souvent de faire, soit un rond de nattes, ou bien quelques petites coques sur le derrière de la tête, pour représenter cette mode si célèbre par sa grâce. Les élèves pourront se convaincre, à l'aide des renseignemens que je vais leur donner, que ce genre ne ressemble en rien à nos modes, et qu'il nécessite une grande différence dans l'exécution. D'abord, il faut toujours nouer les cheveux; et si on veut établir, soit un bourrelet comme celui de la fig. 18, un diadème comme celui de la coiffure O, ou bien un soleil de nattes comme celui de la figure 21, il faut poser un ruban autour de la tête pour y fixer les cheveux avec des épingles [1]. Si on désire faire

---

[1] Les femmes grecques employaient pour cela des bandelettes fort riches.

une coiffure allongée comme celle de la fig. 19, il faut nécessairement employer une carcasse en fil-de-fer que l'on couvre d'un tulle ou d'une toile légère, sur laquelle on arrête les cheveux lisses et nattés; enfin, si on veut les orner de frisures, on ne doit pas les crêper, et si on boucle les cheveux des tempes, il faut tourner les frisures en dehors. En un mot, on ne doit rien faire de ce qui se fait dans les coiffures ordinaires. Si on désire que la coiffure à l'antique ait du caractère, il faut onduler les cheveux. Cette opération étant généralement ignorée, je profiterai de l'occasion que j'ai de parler de cette mode pour indiquer la manière des femmes grecques. Le soir, au moment de se coucher, on leur nattait les cheveux, et on les mouillait un peu, pour qu'ils prissent bien le pli, de sorte que lorsqu'on les coiffait, on n'avait qu'à défaire les tresses et arranger les cheveux comme si on n'eût pas cherché à les faire masser. Il m'est arrivé plusieurs fois de les natter au moment d'exécuter la coiffure et d'y passer le fer pour leur faire prendre le pli, mais cela ne réussit pas aussi bien. Quant aux frisures qui sortent du chou, elles sont toutes montées sur des épingles doubles un peu fortes, qui, plantées dans le *trognon*, offrent une solidité parfaite. Le soleil de nattes de la figure 21 est fait avec de faux cheveux d'une demi-aune, formant deux tresses, dont la monture est placée sur le devant de la tête, et attachée avec des épingles sur un ruban; les étoiles qui ornent le devant de cette coiffure sont plantées dans le trognon de la fausse natte. Ce diadème, formé par des tresses, pourrait être recouvert par des épis, s'il n'y avait point d'étoiles pour garnir le milieu [1].

[1] Pour que cette tresse ne puisse pas s'affaiser, il faut, en la faisant, y entrelacer un fil-de-fer ou bien planter de chaque côté du rond une forte épingle qui entre dans l'épaisseur de la monture.

SUPPLÉMENT

A LA PARTIE SCIENTIFIQUE.
XIXᵉ. LEÇON.

Dans ma cinquième Leçon, j'enseigne la manière de disposer les frisures pour les têtes de différentes dimensions; dans la douzième, je fais connaître les lignes qui se décrivent dans ces coiffures de formes et de genres divers. Ces principes sont assez clairement expliqués et assez faciles à saisir pour que je n'y revienne pas. Mais n'ayant parlé, dans ces deux Leçons importantes, que des coiffures bouclées par devant, je vais indiquer quelles sont les formes de bandeaux qui produisent les mêmes effets. Il est indispensable de connaître les moyens d'approprier cette mode à toutes les têtes, attendu que de temps en temps les dames l'adoptent, et qu'on ne peut faire la même coiffure pour tous les visages.

Dans ces deux Leçons, je dis que pour alonger la figure, il faut décrire une ligne courbe sur le front, et pour la raccourcir une ligne horizontale, c'est-à-dire en travers. La coiffure B, et celle de la tête 23, nous offrent ces mêmes lignes, quoiqu'elles soient faites toutes deux avec des bandeaux plats; il me suffira de démontrer que celle à la *Ferronnière* coiffe parfaitement la tête 23, qui est ronde, et que celle B sied fort bien à la fig. 7, qui est longue, pour prouver que le principe est le même pour les coiffures avec des touffes que pour celles en cheveux lisses sur le front, et qu'on peut obtenir les mêmes résultats dans des genres différens. Mais de crainte que quelques personnes ne soient pas assez instruites par ces deux exemples, je vais expliquer en détail ce qui fait que l'une des coiffures est propre à raccourcir, et l'autre à alonger.

Les bandeaux à la *Belle Ferronnière* s'arrondissent de chaque côté, et donnent au front beaucoup de développement ; vus de face, les lignes qu'ils décrivent se fondent avec celle du visage, qui paraît alors plus long parce qu'il est un peu rétréci de chaque côté.

La coiffure B diminue la longueur de la figure, parce que les bandeaux forment une espèce de draperie sur le front, qui le cache presque entièrement, et que la torsade qui entoure la tête décrit une ligne horizontale [1].

Le portrait 22 a aussi le visage fort long, et la manière dont les cheveux sont arrangés par devant prouverait que l'original existait au temps où *Ovide* écrivait les premières règles sur la coiffure, car on croit reconnaître, dans l'arrangement des boucles, la grâce et l'abandon qu'il demande pour les têtes ovales.

Un principe que j'avais oublié de poser dans la première édition, c'est l'art d'alonger ou de raccourcir la tête avec des coiffures basses. Jusqu'à présent on avait cru qu'il n'y avait que celles qui sont élevées qui pussent offrir cette facilité ; mais les remarques que j'ai faites depuis un an que l'on coiffe à l'antique, m'ont tout-à-fait convaincu que cette mode présente autant d'avantages que toutes les autres. Je dirai donc que si l'on veut alonger le visage,

---

[1] Pour une figure longue dont les cheveux seraient plantés bas, il ne faudrait pas baisser les bandeaux près des sourcils, parce que cela lui rétrécirait le front.

24

il faut établir la coiffure assez haut sur le derrière de la tête, pour qu'on puisse l'apercevoir par devant, et faire en sorte qu'elle décrive une ligne *courbe*: quant aux cheveux de devant, le principe est le même que pour les coiffures hautes. On peut s'en assurer par la tête 25, dont les frisures, formant la moitié d'un *ovale*, alongent beaucoup la figure, qui frisée en tire-bouchon, comme *Ninon*, aurait un visage ordinaire.

Si on voulait raccourcir la figure d'une femme par la coiffure basse, on aurait, outre les ressources qu'offre l'arrangement du devant, celle de pouvoir réduire la hauteur de la tête en donnant de la largeur à la masse de derrière, à la mode des Italiennes. Je recommande, surtout pour les dames qui ont le cou un peu long, de laisser flotter des boucles ou des tresses dans le genre de la coiffure gothique, n°. 24; et pour que ces principes soient encore mieux compris, j'observe que tout ce qui se présente carrément, soit sur le devant ou bien sur le derrière de la tête, raccourcit, et que tout ce qui retombe de chaque côté produit le même effet. J'observe aussi que tout ce qui s'arrondit, soit sur le sommet de la tête ou bien sur l'occipital, est propre à donner la forme ovale à un visage court.

Je ne saurais trop répéter aux élèves qu'il est indispensable de faire les études prescrites dans cet ouvrage; que ce n'est qu'avec l'instruction qu'ils pourront parvenir à comprendre qu'il y a une seconde existence de physionomie chez les femmes; qu'avec les ressources de l'art on peut varier les coiffures de cent mille manières, sans s'écarter des règles de l'harmonie.

SUPPLÉMENT

A LA PARTIE HISTORIQUE DE LA COIFFURE.

Dans l'article des coiffures antiques, je fais mention de plusieurs épingles, de couronnes, de mitres et de réseaux, dont les femmes, chez les anciens, ornaient leurs têtes. J'ai donné quelques échantillons de ce genre de parure ; mais cette édition satisfera d'avantage les personnes qui désirent avoir une entière connaissance des objets qui servaient à la toilette des Grecques et des Romaines. La planche des ornemens contient tous ceux dont parle *Bætiger* dans un ouvrage intitulé : *Sabine*, ou *Matinée d'une femme romaine*, et qu'on trouve en partie dans M. *Villemain*. Chacun de ces ornemens était un emblême pour ces femmes si recherchées dans leurs ajustemens : aussi, lorsque *Amor* [1] était instruite de ceux que sa maîtresse avait choisis, elle péuétrait de suite ses projets. D'après le dire de plusieurs antiquaires, les épingles avaient le plus de signification.

Les n°s. 11 et 12 de cette planche sont des bandeaux ou diadèmes de formes différentes ; le premier est celui que les matrones avaient adopté, et le second celui des impératrices ; le n°. 13 est une couronne de métal que les dames portaient souvent en grande parure ; le n°. 14 est un modèle exact de la mitre que les femmes grecques employaient pour donner de la solidité à leur coiffure ; le n°. 15 est un réseau qui servait au même usage ; les n°s. 16, 17, 18, 19 et 20 de la même planche sont les couronnes

---

[1] C'était le nom qu'on donnait à une coiffeuse de confiance.

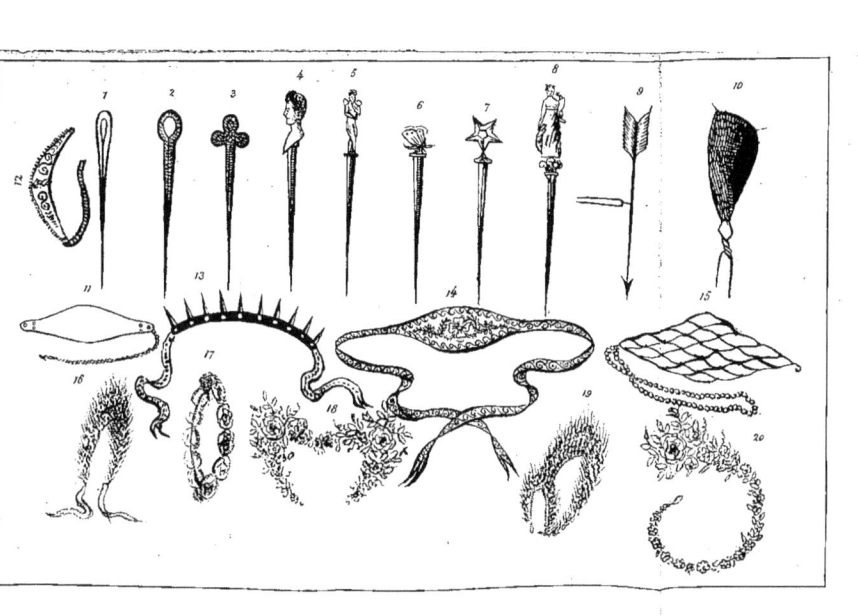

de fleurs qui ont brillé avec le plus d'éclat dans les annales de la toilette ; le n°. 16 a la forme et le caractère de celle qui orne la tête de Cérès ; le n°. 17 est le bourrelet de roses que les Vestales posaient par dessus leur voile ; le n°. 18 est une guirlande qui rappelle la coiffure de Marie Stuart, et c'est par rapport à cette ressemblance qu'on lui donna ce nom célèbre lorsqu'elle était de mode il y a environ douze ans. Les contours qu'elle décrit ressemblent aussi à ceux qui caractérisaient la coiffure de Marguerite, comtesse d'Étampes (1446), mais cette dernière était composée d'étoffes de soie brodées en or ou en argent. Le n°. 19 est une couronne à la Cérès, à laquelle j'ai ajouté des épis pour orner et exhausser le derrière de la coiffure : cette innovation s'est parfaitement accordée cet hiver avec la mode, qui avait un caractère de sévérité, et l'ampleur qu'on aime à donner aux costumes ; le n°. 20 est une guirlande de fantaisie, comme il s'en fait beaucoup depuis quelques années, et qui, par la variété qu'on peut donner à ses poses, peint l'inconstance de nos modes; la tête n°. 21 est coiffée à l'antique. La tresse surmontée de cinq étoiles forme une aigrette qui a quelque ressemblance avec la plume qui s'élève sur le front d'*Uranie*. Les masses lisses et tressées, enveloppées d'un réseau, achèvent de donner à cette coiffure le caractère des modes anciennes. Le n°. 22 est le portrait d'une dame romaine coiffée avec le *nodus*, que Plaisir avait cherché à imiter lorsqu'il fit paraître ses nœuds d'Amour et d'Apollon ; la coiffure de la tête n°. 23 est une imitation de celle de la *Belle Ferronnière* : les cheveux plats couvrent en partie les oreilles, et une petite plaque montée sur un double rang de perles garnit le front; mais ce qui la rend plus gracieuse, c'est la tresse et le nœud du ruban qui ornent le derrière de la tête; le n°. 24 a une coiffure qui est le type de celle du moyen âge: une couronne formée par une tresse lui ceint le front, des nattes flottent de chaque côté de la tête, et un long voile retombe par derrière. Cette mode fut adoptée par les dames de la cour de Saint-Louis, plus tard par *Jeanne* et *Agnès de Bourgogne*, et *Marie*, comtesse d'Alençon: en un mot, elle fut quittée et reprise plusieurs fois depuis le 12e. jusqu'au 14e. siècle. Le n°. 25 est coiffé avec plus de légèreté, et on reconnaît facilement dans ce mélange de perles et de frisures, le cachet qu'on donnait aux coiffures sous le règne de Louis XIV [1].

Quelques personnes croient que dans ce temps on ne connaissait que les frisures en tire-bouchons, comme celle de Ninon de Lenclos; c'est pour faire disparaître cette erreur que j'en ai choisi une qui était portée par la princesse de *Soubise*, Mme. de *Maintenon*, *Françoise Daubigné*, et la princesse du *Lude*.

Plusieurs portraits de Mademoiselle, tous faits à la même époque, nous prouvent que les dames se coiffaient tantôt haut, tantôt bas, et savaient aussi bien que nos petites-maîtresses, jeter de la variété dans l'arrangement de leur chevelure.

La figure n°. 26, parée d'un amas de cheveux, de fleurs, de plumes et rubans, n'en est pas moins une des coiffures qu'on trouvait, en 1750, le chef-d'œuvre de l'art. On voit par cet échantillon que dans ce temps les dames ne s'attachaient pas à embellir leur figure, et qu'il leur suffisait d'avoir une grosse tête.

---

[1] Cette figure est tachetée de mouches comme les dames s'en mettaient à cette époque.

COUP D'OEIL

DANS LA BOUTIQUE D'UN BARBIER

CHEZ LES ROMAINS.

Il sera peut-être agréable au lecteur de recueillir quelques détails sur les barbiers de l'antiquité. A Rome, ils avaient trois occupations bien distinctes : la principale, et la plus difficile, était de couper les cheveux aux hommes, et ils les coupaient de cinq manières différentes. Aussi, lorsqu'on entrait dans une boutique de barbier, on était certain de s'entendre faire cette question : De quelle manière veux-tu que je te coupe les cheveux ? Les Grecs, aussi-bien que les Romains, se firent couper les cheveux long-temps avant de se faire raser la barbe : mode de l'Orient et d'Égypte, qui s'introduisit chez les Grecs à l'époque des conquêtes d'Alexandre.

Il y eut par conséquent des gens qui coupaient les cheveux avant qu'on ne connût les barbiers : Beckmann et Schneider ont fourni sur cela quelques remarques très-circonstanciées.

Je me bornerai à dire que les barbiers avaient autrefois une certaine importance; c'était dans leur boutique que les hommes faisaient leur toilette du matin, parce qu'ils ne possédaient ni peigne, ni miroir. Aussi rencontrait-on toujours beaucoup de monde dans ces boutiques et surtout un grand nombre d'oisifs; les personnes riches avaient des esclaves qui faisaient les fonctions de barbier. Les gens libres qui exerçaient cet état faisaient la barbe et coupaient les ongles des mains; c'était au bain qu'on se faisait couper ceux des pieds.

Les barbiers avaient donc trois occupations principales.

Pour couper les cheveux ils se servaient non de ciseaux, mais de rasoirs de différentes grandeurs. Lucien, en parlant de l'apparat d'une boutique de barbier, fait mention d'une grande quantité de rasoirs. La coupe la plus élégante, dit Pollux, est celle faite avec un rasoir. Les hommes qui voulaient avoir l'air jeune se faisaient arracher les cheveux gris ; les flatteurs des gens riches se charchaient souvent de rendre ce service à leurs patrons.

Les barbiers teignaient aussi les cheveux, et mettaient leur amour-propre à le faire avec habileté ; ils avaient différentes recettes pour cela (*Voyez* Sarein, t. III, page 204); ils étaient dans l'usage d'essuyer la figure aux pratiques après les avoir rasées. La serviette dont ils se servaient était faite avec du lin non roui, de sorte qu'elle était velue comme de la pluche. Un petit poëme très-plaisant, de *Phanias*, sur le barbier Eugathès, contient une énumération de tout l'attirail nécessaire pour la toilette; il y fait mention d'un morceau de feutre, reste d'un vieux chapeau qui servait à repasser les rasoirs.

(167)

EXPLICATIONS DES PLANCHES.
FIGURES.

		Pages.
1	Échelle des proportions............	34
2	Profil de têtes difformes...........	31
3	Autre profil de tête difforme........	33
4	Esquisse d'une tête dans les proportions....	22
5	Tête anatomique................	28
6	Femme âgée, le front carré, du genre simple.	37
7	Jeune femme, visage long, du genre simple. .	»
8	Jeune femme, visage ovale, du genre gracieux.	»
9	Jeune personne, visage rond, du gre. gracieux.	»
10	Femme, visage long, du genre sévère.....	»
11	Tête régulière coiffée à l'étrusque.......	47
12	Femme agréable, du genre sévère.......	»
13	Femme ayant les traits durs et le regard sévère.	»
14	Jeune femme, du genre gracieux.......	»
15	Jeune femme mélancolique, du genre simple.	»
16	Profil d'une figure plate qui s'adapte sur la coiffure à l'étrusque et le turban israélite. . .	45
17	Profil d'un visage pointu qui s'adapte sur la coiffure à l'étrusque et le turban israélite. . .	»
18	Tête grecque coiffée à l'antique........	90
19	Femme coiffée à la romaine..........	97
20	Femme romaine, tête d'étude.........	93
21	Femme coiffée à la grecque avec le réseau. . .	156
22	Femme romaine avec le nodus........	»
23	Tête coiffée à la Ferronnière, par devant. . .	»
24	Toilette des femmes, du 13e. siècle......	59
25	Toilette des femmes sous Louis XIV (1660)..	162
26	Femme coiffée à la mode de 1776.......	69
27	Figures géographiques.............	105
28	Modèles de tresses...............	117

COIFFURES.

A	Coiffure du genre simple pour une figure longue.	171
B	——— de jeune personne au visage long . . .	»
C	——— jeune, du genre gracieux.........	»
D	——— légère, pour un visage rond.......	»

(168)

Pages.

E Coiffure pour une femme ayant les traits prononcés............ 170
F ——— de femme au visage très-long...... »
G ——— parée, pour une jeune femme grande et gracieuse. »
H ——— riche, genre sévère........ »
I ——— du genre gracieux........ »
K ——— Idem......... »
L ——— en chaperon pour une jeune personne au visage arrondi...... »
M ——— modeste, ornée de fleurs, pour un visage long..... »
N ——— à la chinoise....... »
O ——— romaine....... »
P ——— Israélite.... »
Q Turban persan...... »
R Turban de sultane..... »
S Berret à la Béarnaise...... »

ORNEMENS ANTIQUES.

1 Aiguille à coudre les tresses sur la tête.... 165
2 Autre aiguille un peu ouvragée..... »
3 Épingle pour servir d'ornement seulement. »
4 ——— surmontée d'un buste. »
5 ——— surmontée d'un amour. »
6 ——— ornée d'un papillon. »
7 ——— avec une étoile. »
8 ——— avec une figure d'Isis. »
9 Flèche avec la fourchette..... »
10 Épingle à coque dite à la Girafe..... »
11 Diadème des matrones romaines..... »
12 Bandeau d'une impératrice..... »
13 Couronne en métal..... »
14 Mitre..... »
15 Réseaux..... »
16 Couronne à la Cérès..... »
17 Bourrelet de roses..... »
18 Guirlande à la Marie Stuart..... »
19 Couronne double à la Cérès..... »
20 Guirlande de fantaisie..... »

TABLE

DES MATIÈRES.

	Pages.
Avertissement.	1
Historique de la coiffure.	3
Aperçu de la méthode.	19
Principes pour dessiner une tête de profil, 1re. leçon.	22
Anatomie de la tête, ou description de ses principaux organes, 2e. leçon.	28
Des difformités sur le derrière de la tête, 3e. leçon.	31
Echelle de proportion, 4e. leçon.	34
Manière de donner à la figure la coupe la plus élégante, 5e. leçon.	37
De l'air du visage, 6e. leçon, 1re. partie.	42
Genre sévère, 2e. partie.	46
Genre gracieux, 3e. partie.	51
Genre simple, 4e. partie.	58
De la corpulence et du costume, 7e. leçon.	62
De l'âge, 8e. leçon.	73

(170)

	Pages.
Fleurs, plumes, étoffes et bijoux en usage pour les coiffures parées, 9e. leçon.	80
L'art de mélanger les couleurs, 10e. leçon.	86
Description des coiffures à caractère, 11e. leçon, 1re. partie.	90
Coiffures grecques.	92
Coiffures romaines, 2e. partie.	94
De la forme des turbans turcs, persans, israélites, et coiffures chinoises, 3e. partie.	101
Turban persan.	102
Turbans israélites.	Id.
Coiffures chinoises.	103
Explication linéaires, ou définition des divers caractères de coiffures, 12e. leçon.	1
Du cercle.	109
Tracer un ovale avec le compas.	Id.
Leçons pratiques ou supplément à la Méthode de Coiffure.	115
Manière de tresser les cheveux d'après l'ancien système.	117
Natte en deux, *dite* corde à puits, 1re. leçon.	Id
Tresse en trois, 2e. leçon.	118
Tresse grecque, 3e. leçon.	Id.
Tresse en quatre, 4e. leçon.	119
Tresse en cinq, 5e. leçon	Id.
Tresse en sept, 6e. leçon.	120
Nouveau système de tresses.	121
Manière de tresser d'après le nouveau système, natte à jour, 7e. leçon.	123

	Pages
Tresse élastique, 8e. leçon............	125
Tresse par un nouveau procédé, 9e. leçon..	Id.
Tresse dentelle, 10e. leçon............	127
Tresc diadème, 11e. leçon.............	128
Petite natte à jour, 12e. leçon..........	129
Manière de faire les coques lisses, 13e. leçon.	130
Manière de poser les fleurs détachées ou montées en couronnes, 14e. leçon..........	136
Manière de poser les plumes, les aigrettes, les oiseaux de Paradis, et les marabouts, 15e. leçon.....................	139
Pose des peignes, flèches, épis de diamans, perles et brasselets, 16e. leçon........	142
Manières diverses de poser les étoffes, 17e. leçon.........................	144
Supplément à la partie scientifique, 18e. leçon.........................	157
Supplément à la partie historique de la coiffure............................	160
Coup d'œil dans la boutique d'un barbier chez les Romains.................	163

EXPLICATION DES PLANCHES.

Figures.....................	167
Coiffures....................	Id.
Ornemens antiques..............	168

FIN DE LA TABLE.

ERRATA.

Page 21, douzième ligne, *lisez* description, pour définition.

Page 26, sixième ligne, *lisez* intérieure, pour inférieure.

Page 28, douzième ligne, lisez *masseter*, pour *master*.

Planche, N°. 3, de la tête anatomique, *lisez* pomette, pour pamette.

Même planche, N°. 5, *lisez* masseter, pour master.

www.ingramcontent.com/pod-product-compliance
Lightning Source LLC
LaVergne TN
LVHW021007090426
835512LV00009B/2120